Giovanni Grippo

Der Salomonische Tempel im Wandel von 3000 Jahren

Giovanni Grippo Verlag, Postfach 51 64, 61422 Oberursel (Taunus)
Druck und Herstellung durch T. Lindemann, Offenbach am Main
Covergestaltung durch Jose Llopis, Valencia, Spanien

3. Auflage

ISBN 978-3-9810622-6-7

Fragen Sie sich bitte, was Sie - ohne eine Recherche zuvor betrieben zu haben – zu diesem Vortragthema sagen können:

____

____

____

____

____

____

____

____

____

____

Schreiben Sie bitte Titel von Büchern oder anderen Quellen auf, die etwas mit diesem Thema zu tun haben und Ihnen auf Anhieb bekannt sind:

____

____

____

____

____

____

____

____

____

____

Inhaltsverzeichnis

Vortragsanleitungen zu Beginn 7

Älteste freimaurerische Erwähnung 8

Aktuellste freimaurerische Erwähnung 8

Der Salomonische Tempel … (Haupttext) 11

Erläuterungen zum Vortragstext 23

1. Quelle aus dem Jahr 1784 29

2. Quelle aus dem Jahr 2000 31

3. Quelle aus dem Jahr 2011 35

Weiterführende Informationen 39

Salomonischer Tempel 39

Inneneinrichtung und Ausstattung 40

Herodianischer Tempel 41

Zionverehrung in den Schriften 42

Die Tempelritter 42

Der dritte Grad 43

Hiram Abif oder Adonhiram 44

Vortragsanleitungen zum Schluss 45

Sachwortregister mit Erklärungen 47

Folienvorlagen 51

Literaturverzeichnis 55

Persönliche Notizen 57

Vortragsanleitungen zu Beginn:

Dieses Ringbüchlein ist als Anleitung gedacht. Es soll helfen Vorträge zu dem Thema „Der Salomonische Tempel“ aus dem Stand zu halten. Es gibt Tipps für Vortragende und es ermöglicht sich schnell in das Thema einzulesen.

Vor dem Vortragstext selbst werden die älteste und aktuellste freimaurerische Erwähnung des Vortragsthemas wiedergegeben. Das Register am Ende des Ringbüchleins hilft bei der Wortsuche die entsprechenden Seiten aufzufinden. Dadurch können, während einer Diskussion Zitate oder Textstellen besser wieder gefunden werden.

Bitte beachten Sie beim Vortragen, dass nach jedem Punkt eine Pause von mindestens zwei bis drei Sekunden gemacht werden soll. Zählen Sie einfach nach einem Punkt in Gedanken von ein bis drei und lesen Sie dann weiter. Nach einem Komma ist die Pause natürlich kürzer. Um die Betonung in einem Vortrag aufgreifen zu können, sollten Sie den Vortragstext mindestens zweimal laut und langsam gelesen haben. Stellen, die Sie nicht verstehen, müssen unbedingt nachrecherchiert werden.

Eine DIN A5 Seite sollte etwa drei Minuten Wiedergabezeit beanspruchen. Ein Vortrag sollte mindesten fünf Minuten oder maximal 25 Minuten andauern. Vergessen Sie bitte nicht, dass eher die Diskussion nach einem Vortrag hilft das Thema besser zu erläutern als viele Erläuterungen im Vortrag selbst.

Dieses Ringbüchlein ist auch als Impuls gedacht. Im Hauptteil sind Verweise auf andere Seiten (Lexika und Internet) zu finden. Sie erleichtern bei einer Nachfrage mehr als das zu sagen, was Sie offensichtlich im Vortrag bereits wiedergegeben haben. Es soll auch dem Vortragenden die Möglichkeit geben, sich strukturiert vor oder nach dem Vortrag weiter in das Thema vertiefen zu können, um ggf. selbst an weiterführenden Vorträgen zu arbeiten.

Älteste freimaurerische Erwähnung:

Die Alten Pflichten von 1723 sind die Basis der modernen Freimaurerei, die 1717 in London gegründet wurde. Die Alten Pflichten werden mit einer erfundenen Geschichte der Freimaurerei eingeleitet. Sie beginnt bei Adam, dem ersten Menschen aus der Bibel, und endet im 18. Jahrhundert.
Ein Auszug des Textes finden Sie auf Seite 29 des vorliegenden Ringbüchleins. Beachten Sie bitte hierbei, dass es sich um ein Deutsch handelt, das über 200 Jahre alt ist. Es könnte schwer verständlich sein.

Angaben sind aus: „Des verbesserten Konstitutionenbuchs der alten ehrwürdigen Brüderschaft der Freimaurer – zweiter Theil – Verordnungen, Gesetze, Pflichten, Satzungen und Gebräuche nebst historischer Nachricht von dem Ursprung des Ordens“ aus den Wellmundischen Urkunden gesammelt von dem Bruder Kleinschmidt f.d.A.C.Z.F. – Frankfurt am Main in der Andreäischen Buchhandlung 1784.

Aktuellste freimaurerische Erwähnung:

Im „Internationales Freimaurer Lexikon“ von 2011 gibt es unter dem Stichwort „*Tempel, Salomonischer*“ drei Spalten. Dort wird zwischen „*Historisches*“ und „*Symbolisch*“ unterschieden. Ein Auszug des Textes finden Sie auf Seite 35 des vorliegenden Ringbüchleins.

Angaben sind aus: „Internationales Freimaurer Lexikon“ Eugen Lennhoff, Oskar Posner und Dieter A. Binder, Überarbeitete und erweiterte Neuauflage der Ausgabe von 1932, F.A. Herbig Verlag, 2011 München, ISBN 978-3-7766-5036-5.

Der Salomonische Tempel im Wandel von 3000 Jahren

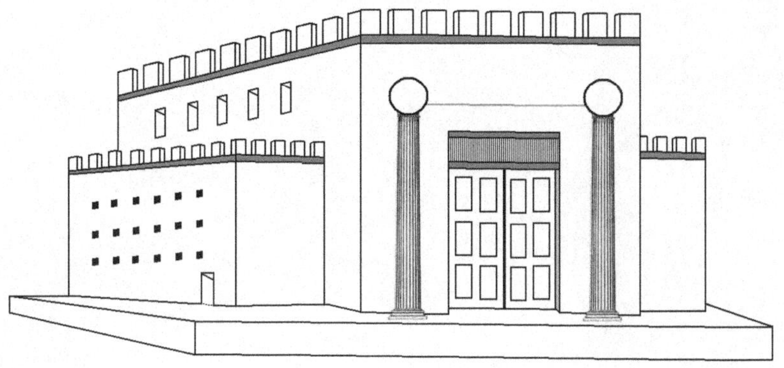

Der Salomonische Tempel im Wandel von 3000 Jahren

Warum einen Vortrag dem Salomonischen Tempel widmen? Warum ist das ein Thema für Freimaurer? Warum 3000 Jahre? Und warum heute? …
Alle diese Fragen werde ich in diesem Vortrag zu beantworten suchen. Der Salomonische Tempel ist heutzutage kaum mehr bekannt. Der Auftrageber Salomon ist vielleicht etwas bekannter. König Salomon lebte im 10. Jahrhundert v. Chr. und war der dritte[1] König des damaligen jungen und vereinten Staates Israel. Salomon hatte eine Beispielfunktion in der jüdischen Geschichte und er wird bis heute von Juden sehr bewundert und geachtet.
Der Tempel in Jerusalem war das israelitische Nationalheiligtum – schlichtweg. Es war eine große Kopie eines „Bauwerks", das ca. vier Jahrhunderte zuvor erbaut wurde. Der Vorläufer des Tempels[2] war die Stiftshütte oder das Stiftszelt. Jenes Zelt, das die Israeliten durch die Wüste Sinai[3] begleitet hat. Wann der Tempelbau wirklich stattfand, ist umstritten. Doch die biblischen Angaben und die archäologischen Befunde besagen, dass er ab dem Jahr 951 v. Chr. rituell genutzt wurde.

Das erste steinerne Gebäude, das die Israeliten für ihren Gott gebaut haben, war drei Stockwerke hoch. Hiram, der König von Tyrus, half mit phönizischen Baumeistern beim Errichten des Tempels. Er versorgte die Baustelle mit Baumaterialien. Der Leiter der Baustelle war ein gewisser Hiram Abif (Adonhiram[4]). Vor dem Tempel standen zwei freistehende, bronzene Säulen, die den Eingang zur Vorhalle flankierten. Wie es in der Antike üblich war, befand sich der Eingang im Osten, das Allerheiligste hingegen im Westen. Im Inneren befanden sich neben Opferaltären, die Bundeslade und der siebenarmige Leuchter. Beides – die Bundeslade und der siebenarmige Leuchter – befanden sich schon vier Jahrhunderte zuvor im Stiftszelt. Der siebenarmige Leuchter ist auch unter dem Namen „Menora“ bekannt.

Der Tempel könnte als sesshaftes Monument des Volkes Israel angesehen werden, wohingegen das Stiftszelt ein nomadisches „Monument“ war. Der Salomonische Tempel bezeichnet die neu gewonnene Sesshaftigkeit des nomadischen Volkes Israel. Wir sprechen von einer Zeit als Israel, wie heute, um das

Land kämpfen musste. Die effektivste Art einen Anspruch auf ein Land zu untermauern, ist mitten darin ein steinernes Monument zu errichten.

Mundpropaganda der jüdischen Kaufleute hat sicherlich seinen Teil dazu beigetragen, dass der Salomonische Tempel weit über die Grenzen Israels bekannt wurde. König Salomos Außenpolitik trug auch einiges dazu bei. Während seiner Regierungszeit war Israels Territorium dreimal so groß[5], wie unter dem ersten König Israels – Saul. Die Handelsbeziehungen in weite Teile Afrikas und Arabiens, sogar bis nach Saba, wurden ausgebaut. Warum das jüdische Volk noch heute von Salomos Regierungszeit spricht, wird nun deutlich. Er hat Reichtum und Macht der Israeliten aufgebaut und den Anspruch auf das gelobte Land durch den Tempel des einen Gottes „untermauert".

Doch der territoriale Anspruch sollte ein jähes und abruptes Ende nehmen. Der Tempel Salomos wurde nach ca. 365 Jahren wieder zerstört. Der assyrische König Nebukadnezar II. nahm im Jahre 586 v. Chr. den Norden Israels ein. Israel war wenige Jahre nach Salomos Tod bereits kein ganzer Staat mehr. Er war in 12 Stämme und zwei Königreiche aufgeteilt[6]. Der Nachfolger Salomos ließ es zu, dass sich Israel in ein Nordreich (Israel) und in ein Südreich (Judäa) spaltete. Das Nordreich fiel 586 v. Chr. an das assyrische Reich.

Die Zerstörung des Salomonischen Tempels hatte drei Dinge zur Folge: (1.) Die zentralisierende Wirkung des Salomonischen Tempels auf die Israeliten wurde stark geschwächt. (2.) Israel büßte ¾ seines Territoriums ein.

Das Südreich Judäa blieb aber verschont. Es ist ungeklärt geblieben, warum Nebukadnezar II. nicht beide Königreiche eingenommen hat. (3.) Auch bleibt umstritten, ob die Bundeslade nach der Zerstörung des Tempels durch König Nebukadnezar II. wieder dorthin zurückgeführt wurde. Der siebenarmige Leuchter – die Menora – hingegen war definitiv wieder da.[7]
Im Jahr 516 v. Chr. erbauten die Israeliten an der gleichen Stelle einen neuen Tempel. Ohne die schillernde Persönlichkeit Salomos nahm dieser Tempel keine wichtige Rolle mehr ein. Er war so unwichtig, dass er kaum mehr in den Heiligen Schriften erwähnt wurde. Erst 500 Jahre später nahm sich Herodes des zweiten Tempels an. Herodes: König von Judäa und Galiläa. Ab dem Jahr 21 v. Chr. wurde der Tempel wieder zu einer erwähnenswerten Sehenswürdigkeit. Aber auch der zweite Tempel – der so genannte Herodianische Tempel – war nicht für die Ewigkeit gebaut. Im Jahr 70 n. Chr. wurde er von den Römern vollständig zerstört.
Dieser geschichtliche Abriss des Salomonischen Tempels zeigt, dass der Tempel des einen Gottes unter König Salomon erbaut, einmal wiedererbaut, restauriert und dann durch die Römer endgültig zerstört wurde. Man könnte sich fragen, was den Reiz dieses Tempels aus der weiten Vergangenheit bis heute so besonders macht. Warum einen Vortrag dem Salomonischen Tempel widmen? Warum ist das ein Thema für Freimaurer? Warum 3000 Jahre? Und warum heute? …
Der Salomonische Tempel hat auf Europa - trotz seiner kurzen Existenz von ca. 365 Jahren - erheblichen

Einfluss genommen. Ich behaupte sogar, dass dieser Tempel Einfluss auf die Entwicklung von rund drei Milliarden Menschen genommen hat.
Die Steinmetzbauhütten des Mittelalters hatten sicherlich bei jedem Kathedralenbau, den sie errichteten, den Salomonischen Tempel vor Augen. Die zwei Säulen des Vorhofs finden sich zum Beispiel am Würzburger Dom. Die dreifache Aufteilung in Vorhof, Heiliger Vorraum und Allerheiligstes findet sich in allen Domen, Münstern und Kathedralen des Mittelalters wieder. Viele Bauelemente wurden nachgeahmt und mit ihren biblischen Namen und Funktionen belegt. Der Salomonische Tempel stellte sogar die Pyramiden in den Schatten. Diese stehen noch heute und sind fast 2000 Jahre älter als der Tempel. Doch den Einfluss auf die Steinmetzbauhütten des Mittelalters und dadurch auf ganz Europa nahm der Salomonische Tempel aus einem Grund ein. Der Grund ist, dass er das einzige Bauwerk der Antike ist, das sehr detailliert beschrieben wurde. Die Bibel widmet das 1. Buch der Könige und einige Kapitel aus dem Buch der Chroniken dem Tempel und seiner Funktion. Sogar wie der Tempel gebaut wurde und welche Ausmaße er hatte, ist dort detailliert nachzulesen. Die Baumeister, Auftraggeber und Bauzeit sind eindeutig bekannt. Von den Pyramiden kann man bis heute alles das nicht sagen. Man weiß nicht genau wann sie gebaut wurden und welche Pharaonen sie in Auftrag gegeben haben sollen. Wie sie letztendlich erbaut wurden, bleibt bis heute immer noch ein Rätsel. Der Tradition der Steinmetzbauhütten des Mittelalters

folgend, überkam der Salomonische Tempel in die Tradition der Freimaurerei. Das ist eine eindeutige und historische Verbindung mit der Freimaurerei. In den Darstellungen und Sitten der Steinmetzbauhütten des Mittelalters kommt deutlich der Bezug zu diesem Tempel hervor. Die Legenden, die sich aus ihren Traditionen gebildet haben, sind ein fundamentales Gerüst der heutigen Freimaurerei.

Die Idee des zerstörten Tempels des Königs Salomo und die Idee eines geistigen Wiederaufbaus bewegten im 17. Jahrhundert auch die Rosenkreuzer[8]. Ihre Lehrbilder sprachen von einem Tempel geistiger Art, der nach den Worten der Bibel aus behauenen Steinen errichtet werden soll.

Ein Vers aus der Bibel beflügelte zudem die Idee aus praktisch-tätigen Steinmetzbauhütten „Werkstätten des Geistes" zu formen. Der Vers aus der Bibel besagt, dass der Bau des Salomonischen Tempels ohne ein Geräusch von Werkzeugen erfolgt sei. Der Vers spielt besonders auf den Lärm von Eisenwerkzeugen an. Der Salomonische Tempel wurde sozusagen – in Stille – gebaut.

Die Freimaurer übernahmen später die Vorstellung des zerstörten Tempels. Diese Vorstellung war den Steinmetzen des Mittelalters unbekannt. Sie waren eher am Aufbau oder am Errichten eines neuen Tempels interessiert. Sie erbauten neue Dome, Münster und Kathedralen nach dem Vorbild des Salomonischen Tempels.

Die Symbolik der Zerstörung ist eine freimaurerische Komponente. Insbesondere eine Komponente der schottischen (Hoch)-Grade beispielsweise der „Großen Landesloge der Freimaurer von Deutschland“.[9]
Die zweite Vorstellung, die die Rosenkreuzer und Freimaurer gleichermaßen beflügelte, war jene vom Bau ohne ein Geräusch eines Eisernwerkzeugs. Die Steine sollten sich derart aneinanderfügen, dass sie ohne weitere Verbindung hielten. Daraus entwickelte sich die Vorstellung, dass die behauenen Steine im übertragenen Sinne „Menschen“ sein könnten. Aus den Menschen soll ein Tempel der Humanität entstehen. Die Freimaurer übernahmen auch diese Vorstellung.
Wie die Wandlung von praktisch-tätigen Steinmetzbauhütten in „Werkstätten des Geistes“ geschah, kann heute nur schwer nachvollzogen werden. Genaue Ritualüberlieferungen aus dem 17. Jahrhundert fehlen. Man kann deshalb heute nicht genau sagen, inwieweit die Bausymbolik zur damaligen Zeit in den Werkstätten des Geistes bzw. in den Logen[10] entwickelt war. Aus dem 18. Jahrhundert ist hingegen überliefert, dass der Salomonische Tempel stark in den Mittelpunkt der Logen und deren Rituale trat. Die Orientierung des Tempels von Ost nach West wurde übernommen. Die beiden Vorhofssäulen, das Mosaikpflaster und das Allerheiligste (Mittelste Kammer) traten in den Tempeln der Logen vermehrt auf. Die Freimaurer bezeichnen bis heute ihren rituellen Versammlungsraum als „Tempel“. In den Hochgraden der Freimaurer finden sich sogar die Bundeslade und der siebenarmige Leuchter (Menora)

wieder (AASR und York Ritus[11]). Die Symbolik nahm zu und wurde von Mal zu Mal stärker an den Salomonischen Tempel angelehnt.
Wie bereits gesagt, war der Salomonische Tempel das einzige Bauwerk der Antike, das sehr detailliert beschrieben wurde. Aufbau, Funktion, Ausmaße, Bauzeit und namentliche Benennung des Baumeisters und des Auftraggebers des Tempels sind bekannt. Im 18. Jahrhundert bemächtigte sich die freimaurerische Symbolik dieser detaillierten Angaben. Die Legende des Baumeisters Hiram Abif (Adonhiram) wurde zu einem zentralen Thema der Freimaurerei. Die Legende spielt im unvollendeten Tempel. Sie ist heute der rote Faden der Freimaurerei. Sie begleitet einen Freimaurer von den ersten drei Graden bis in die Hochgrade. Lange Zeit glaubte man, dass diese Legende eine Erfindung der Freimaurer aus dem 18. Jahrhundert war; wie gesagt, kennt man die Rituale des 17. Jahrhundert nicht; sie sind verschollen.
Im Jahre 1964 hat der Autor Idries Shah entdeckt, dass die Legende des Baumeisters Hiram Abif bereits im 9. Jahrhundert n. Chr. existiert hat. Er hat in seinem Buch „Die Sufis. Botschaft der Derwische, Weisheit der Magier“ erläutert, dass eine geheime Organisation im Süden des Iraks mit der Moral aus dieser Legende gearbeitet hat. Die Organisation wurde um das Jahr 800 n. Chr. von einem gewissen Maaruf Karkhi gegründet und hieß „Bruderschaft der Baumeister“. Alles was die Legende anbetrifft, finden wir wortwörtlich in heutigen freimaurerischen Ritualen wieder.[12]

Der Salomonische Tempel hatte demzufolge auch einen Einfluss auf die islamische Welt. Zumindest findet sich dort die älteste Erwähnung dieser freimaurerischen Legende um den Tempelbau und seinem Baumeister. Die „Bruderschaft der Baumeister“ war in ihren Graden bzw. Erkenntnisstufen der Freimaurerei des 18. Jahrhundert sehr ähnlich. Auch die Bruderschaft der Baumeister kannte den Grad des Lehrlings, den Grad des Gesellen und den Grad des Meisters.
Heute spielt der Salomonische Tempel noch in zwei Bereichen immer noch eine sehr wichtige Rolle. Die orthodoxen Juden träumen von der Wiedererrichtung eines Tempels. Was bei der heutigen politischen Situation etwas schwierig sein wird. Zudem steht seit 644 n. Chr. die Al-aqsa-Moschee auf dem Tempelberg. Eines der wichtigsten Heiligtümer der Moslems. Der zweite Bereich betrifft die Freimaurerei. Der Salomonische Tempel ist zu einem Leitbild eines geistigen Tempels der Menschheit geworden.
Das geschichtliche Nationalheiligtum erscheint heute in seiner moralischen Bedeutung. Seiner moralischen Bedeutung als Tempel des Inneren, der durch die Arbeit an sich selbst zu schaffen, auszugestalten und zu vollenden ist. Genauso wird er auch als das Sinnbild der Menschheit, für die der Tempel gebaut werden soll, verstanden. In seiner Bausymbolik versteckt sich das freimaurerische Bekenntnis zu einer evolutionären Entwicklung der Menschheit und zu einem Optimismus, der an diese evolutionäre Menschheitsentwicklung festhält und glaubt.

Zusammenfassung:

Im Verlauf von 3000 Jahren hat der Salomonische Tempel nicht nur einen Wandel vollzogen, sondern er steht selbst für den beständigen Wandel. Ein Sprichwort besagt ja, dass das einzig Beständige der Wandel ist.

(10. Jahrhundert v. Chr.) Der Salomonische Tempel wurde ursprünglich als ein Denkmal der Freiheit gebaut. Er bezeichnete im 10. Jahrhundert v. Chr. die neu gewonnene Freiheit und Sesshaftigkeit des Volkes Israel nach der ägyptischen Knechtschaft. Die Sehnsucht nach einem eigenen Land wurde erfüllt.

(6. Jahrhundert v. Chr.) Ca. 365 Jahre später wurde der Tempel durch Nebukadnezar II. zerstört. Dies hatte zur Folge, dass es keine zentrale Stelle für die Ausübung des gemeinsamen Glaubens mehr gab. Israel verlor ¾ seines Territoriums und die Bundeslade ging für immer verloren.

(1. Jahrhundert n. Chr.) Der zweite Tempel wurde durch die Römer zerstört und fast ganz Jerusalem dem Erdboden gleichgemacht. Weder ein Tempel noch ein gemeinsames Land blieb danach übrig. Viele Israeliten flohen.

(9. Jdrt. n. Chr.) Nach der Etablierung des Islams entwickelte sich im 9. Jahrhundert n. Chr. im Süden des Iraks die so genannte „Bruderschaft der Baumeister". Der Tempel Salomos hatte auch Einfluss auf die islamische Welt. Zumindest ist dort die älteste Erwähnung der Legende des Tempelbaus und seines Baumeisters zu finden. Diese Legende ist der rote Faden, der einen Freimaurer bis heute durch alle Erkenntnisstufen bzw. Grade begleitet.[13]

(18. Jahrhundert n. Chr.) Der Mythos des Tempels erfasste im Mittelalter Europa. Die Bauhütten der Steinmetze hatten bei jedem Bau, den sie errichteten, immer den Salomonischen Tempel vor Augen.
Der Tradition der Steinmetzbauhütten des Mittelalters folgend, überkam der Salomonische Tempel - auf diesem Wege - in die Tradition der Freimaurerei des 18. Jahrhunderts. Aus dem geschichtlichen Nationalheiligtum ist heute in der Freimaurerei ein Leitbild eines geistigen Tempels der Menschheit geworden. Ein Tempel des Inneren, der durch die Arbeit an sich selbst zu erbauen ist.

(21. Jahrhundert n. Chr.) Der Salomonische Tempel spielt heute eine wichtige Rolle bei orthodoxen Juden. Sie träumen von der Wiedererrichtung eines Tempels. Von der Wiedererrichtung an genau der Stelle, an der der Salomonische Tempel vor 3000 Jahren gestanden haben soll.

In einer Zeit von über drei Jahrtausenden hat der Salomonische Tempel in den Gemütern der Menschen mehrere Wandlungen vollzogen. Er ist zwar heutzutage kaum mehr bekannt, aber er wurde nie vergessen. Zudem ist er bis heute ein politisches sowie religiöses Thema. Kein Bauwerk genoss solch eine nachhaltige und kontinuierliche Aufmerksamkeit, wie der Tempel des weisen Königs Salomo!

Erläuterungen zum Vortragstext:

Dieser Bereich soll nicht vorgelesen werden. Im Vortragstext sind Verweise zu finden, die hier erläutert werden. Sie erleichtern bei einer Nachfrage aus dem Publikum mehr als das zu sagen, was bereits im Vortrag wiedergegeben wurde. Es soll auch dem Vortragenden die Möglichkeit geben, sich strukturiert vor oder nach dem Vortrag weiter in das Thema zu vertiefen, um ggf. selbst an weiterführenden Vorträgen zu arbeiten.

1.) Nach der 40jährigen Wanderung durch die Wüste Sinai kam die Zeit der Richter. Diese dauerte von 1250 bis 1050 v. Chr. an. Das biblische Buch der Richter berichtet über die Eroberung Israels, das damals Kanaan genannt wurde. Danach wurde Israel ein vereintes Königreich. Es war das Königreich der zwölf Stämme. Das Königreich Israel erhielt seinen ersten König, nämlich Saul. Sein Nachfolger war König David und dessen Nachfolger war wiederum Salomon, sein Sohn mit Bathseba.

2.) Der Vorläufer des Tempels war die Stiftshütte oder das Stiftszelt. Wo befanden sich jene zwei Säulen, die im Vorhof des Salomonischen Tempels standen? Vor dem Zelt selbst standen keine Säulen. Das wäre ziemlich unpraktisch gewesen. Sie befanden sich an der Bundeslade:

Gieß für sie vier Goldringe und befestige sie an ihren vier Füßen, zwei Ringe an der einen Seite und zwei Ringe an der anderen Seite! Fertige Stangen aus Akazienholz an und überzieh sie mit Gold! Steck die Stangen durch die Ringe an den Seiten der Lade, sodass man die Lade damit tragen kann. Die Stangen sollen in den Ringen der Lade bleiben; man soll sie nicht herausziehen. (2. Buch Moses 25, 12-15)

Die zwei Stangen an der Bundeslade, die nie entfernt werden durften, symbolisierten jene Säulen, die dann vor dem Tempel standen. In der Bundeslade wurden die zwei Gesetzestafeln, auf denen sich die Zehn Gebote befanden, aufbewahrt.

3.) Die Wüste Sinai befindet sich zwischen Israel und Ägypten. Ursprünglich gelangte das Volk Israel von Ägypten direkt nach Israel; damals Kanaan genannt. Daraufhin musste es aber 40 Jahre lang durch die Wüste Sinai wandern. Sie durften also nicht sofort nach Israel immigrieren.

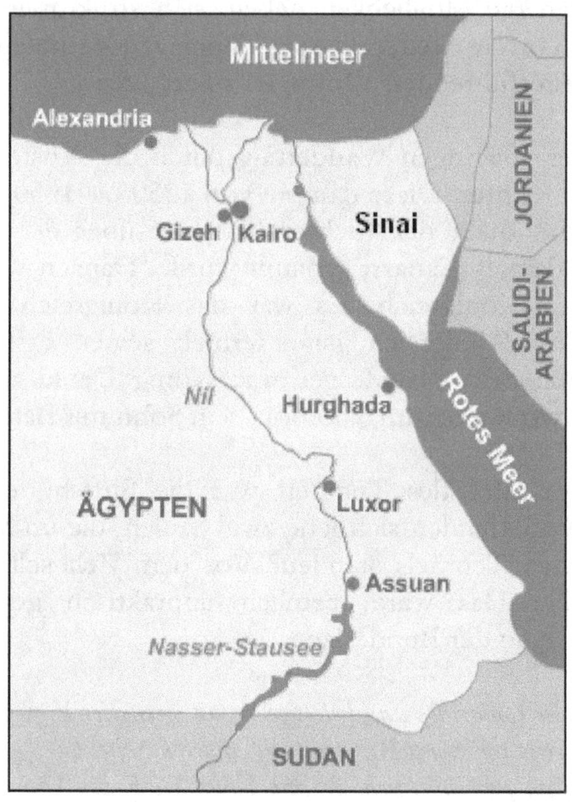

Während des Sechstage-Krieges (1967) wurde die Sinai-Halbinsel besetzt und eingenommen. Durch die Rückgabe der Halbinsel sah sich Ägypten gezwungen Israel als Staat anzuerkennen. Was auch dann geschah. Das bedeutet, dass die Sinai-Halbinsel oder Sinai-Wüste noch in der heutigen Geschichte eine wichtige Rolle in der Geschichte des Staates Israel spielt, wie sie es vor einigen tausenden von Jahren bereits getan hatte.

4.) Zitat aus „Internationales Freimaurerlexikon“:
Adonhiram, Adoniram, auch Adoram, nach 1. Buch Könige (in der Form: Adoniram), Hauptschatzmeister des König Salomo und Oberaufseher über die 30 000 Mann, die im Libanon die Zedern für den ersten Tempel und andere königliche Bauten fällten. In den verschiedenen Freimaurerlegenden des 18. Jahrhunderts wurde der Name vielfach mit Hiram durcheinandergeworfen; auch heute wird er sehr oft an dessen Stelle gebraucht (s. Hiram). A. kommt in mehreren Graden des A. und A. Schottischen Ritus und auch in dem des »Royal Master« und des »Mark Master« vor. (Vgl. 1. Könige 4. 6. und 5. 14.)

5.) Während der Regierungszeit von König Salomon hatte das Territorium des Großreichs Israel solche Ausmaße, wie es nie wieder erlangen sollte. Seine Regierungszeit wird auf die Jahre von ca. 965 v. Chr. bis ca. 926 v. Chr. datiert. Es gelang ihm, das Königreich Israel zu erweitern und zu modernisieren. Er schuf eine Verwaltung und reorganisierte das Heer.

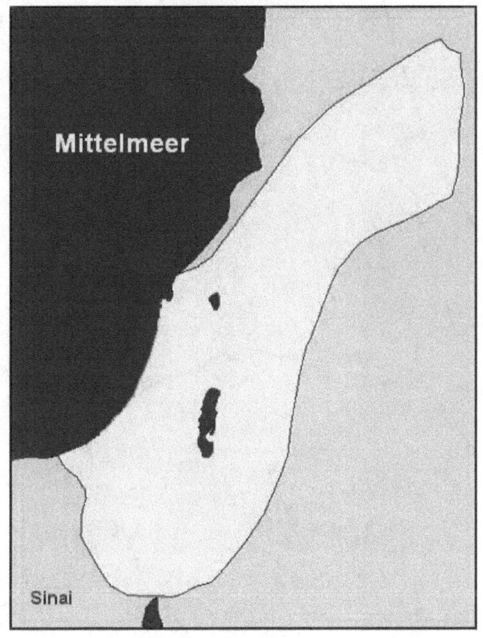

König Salomo trieb Handel mit allen Völkern und ließ zusammen mit dem phönizischen König Hiram von Tyrus Schiffe bauen.

6.) Die 12 Stämme waren in zwei Königreiche aufgeteilt (10:2). Die Bibel benennt die 10 nördlichen Stämme, die Salomos (926 v. Chr.) Thronfolger die Treue verweigerten. Sie gründeten das von Jerusalem unabhängige Nordreich Israel. Salomos Thronfolger, Rehabeam, nahm das Gebiet der Stämme Judah (und Benjamin) und machte Jerusalem zur Hauptstadt des Südreiches Judäa.

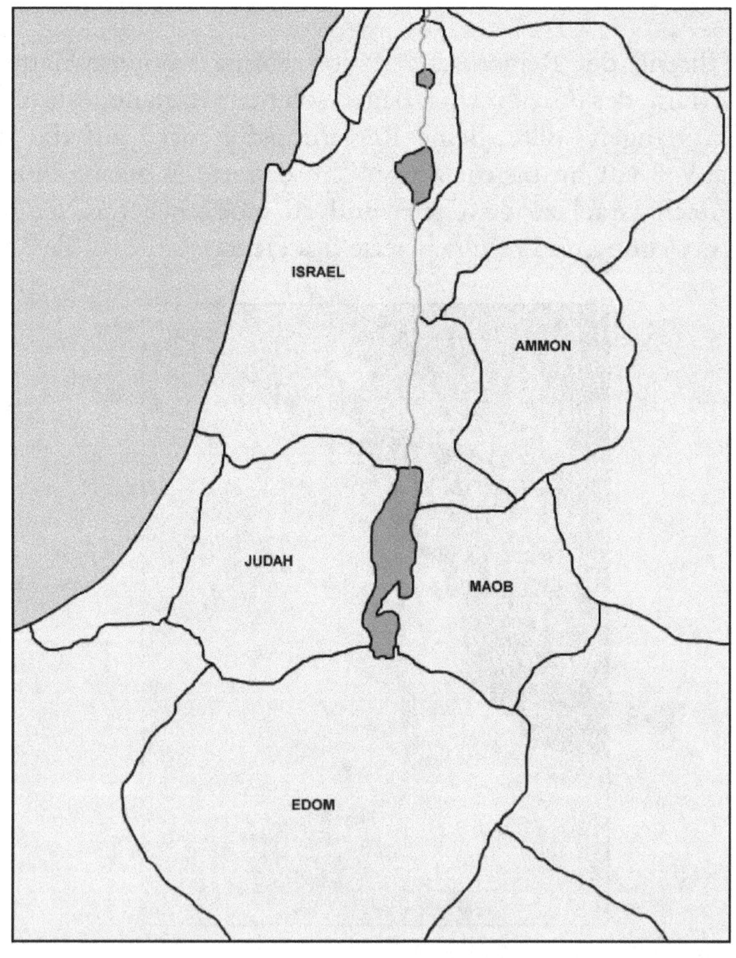

7.) Nach der Zerstörung des Tempels haben die Römer ihren Siegeszug über Israel auf dem Titusbogen verewigt. Dort dargestellt, ist die Ausstattung des Tempels, die als Raubbeute von Dienern in der Siegesprozession getragen wird. Man kann die Menora, Silbertrompeten und den Schaubrottisch erkennen. Die Menora befand sich nach dem Bau des zweiten Tempels wieder im Allerheiligsten. Die Bundeslade ist hingegen nicht zu sehen. Was dafür spricht, dass sie nach dem Bau des zweiten Tempels nicht wieder in das Allerheiligste zurückgeführt wurde.

8.) Die Anfänge der Rosenkreuzer liegen im 17. Jahrhundert. Ihre Lehrinhalte bestehen u.a. aus kabbalistischen, hermetischen, mystischen und alchemistischen Elementen.
Die Idee eines zerstörten Tempels und die Idee eines geistigen Wiederaufbaus sind rosenkreuzerische Vorstellungen. Es wird von einem Tempel geistiger Art gesprochen, der wiedererrichtet werden soll. Hier spielen auch die vier Manifeste hinein.
In den vier Rosenkreuzer-Manifesten geht es um gesellschaftskritische und reformatorische Umwälzungen. In Deutschland erschienen in den Jahren zwischen 1614 bis 1616 die vier Manifeste. Es waren Revolutionsaufrufe der bis dahin unbekannten Rosenkreuzer. Eine Bruderschaft, die es gar nicht gab, wird über Nacht Gesprächthema Nummer Eins. Eine Art Freimaurerei gab es aber auch schon vor den Manifesten auf den britischen Inseln. Wie die in den Schriften beschriebene Bruderschaft der Rosenkreuzer, beschäftigte sich die Freimaurerei ursprünglich auch mit Naturphilosophie, Mystik und Alchemie.

9.) Als Hochgrade können die Erkenntnisgrade der Großen Landesloge der Freimaurer von Deutschland nicht bezeichnet werden. Die schottischen Erkenntnisgrade der Großen Landesloge (IV-VI) sind Teil des 10gradigen Lehrgebäudes. Sie sind also Bestandteil des gesamten Lehrinhalts und nicht Teil eines separaten Hochgradsystems. Der Alte und Angenommene Schottische Ritus (AASR) zieht eine Grenze ab dem 4. Grad.

10.) Die freimaurerische Bezeichnung „Loge“ wurde aus dem englischen Wort „lodge“ übertragen. Sinniger wäre aus dem Englischen die Übersetzung „Bauhütte“ zu übernehmen.

11.) Mit dem Hochgradsystem des „York Ritus“ wurde eine Gruppe von zum Teil sehr alten freimaurerischen Ritualen bezeichnet, die heutzutage vor allem auf dem amerikanischen Kontinent eine große Verbreitung erfahren. Der Name kam auf, als fälschlich angenommen wurde, dass der im 18. Jahrhundert durch die Antients in Amerika verbreitete „Royal Arch“ aus der englischen Stadt York stammen sollte.

12.) Der Verweis aus dem Buch „Die Sufis. Botschaft der Derwische, Weisheit der Magier“ (1964) von Idries Shah stammt aus dem Buch „Die Geheimlehre der Tempelritter: Geschichte und Legende“ (3. Auflage 2000) von Allan Oslo. Ein Textauszug findet sich auf Seite 31 dieses Ringbüchleins.

13.) Obwohl die Legende von Adonhiram erst im III. Grad eine wesentliche Rolle spielt, so ist deren tatsächlicher Anfang bereits im I. Grad zu finden. Es geht um den Tod des alten Lebens.
Vergleichbar ist mit dem alten Leben auch der zerstörte Salomonische Tempel. Durch ein neues Leben, symbolisiert durch einen neuen und wiederaufgerichteten inneren Tempel, beginnt nach der Aufnahme in den Freimaurerbund ein neues Leben für den Lehrling (I. Grad).
Die Symbole des Todes und der Vergänglichkeit finden sich im I. Grad in der dunklen Kammer, in die jeder Anwärter geführt wird.

1. Quelle: „Des verbesserten Konstitutionenbuchs der alten ehrwürdigen Brüderschaft der Freimaurer – zweiter Theil – Verordnungen, Gesetze, Pflichten, Satzungen und Gebräuche nebst historischer Nachricht von dem Ursprung des Ordens" aus den Wellmundischen Urkunden gesammelt von dem Bruder Kleinschmidt f.d.A.C.Z.F. – Frankfurt am Main in der Andreäischen Buchhandlung 1784:

Allein weder der Tempel Dagon, noch die vortrefflichen Gebäude zu Tyrus und Sidon konnten mit dem Tempel Gottes zu Jerusalem verglichen werden, welcher zum großen Erstaunen der ganzen Welt in sieben Jahren und sechs Monaten durch Salomon, den Allerweisesten unter den Menschen (einen Sohn Davids, dem diese Ehre zur Strafe, wegen des vergossenen vielen Menschenbluts) und den Ruhmwürdigsten in Israel, den Fürsten des Friedens und der Baukunst aufgeführt worden.
Auf diese Weise richtete Salomon durch die Hülfe Gottes das schönste und kostbarste Gebäude von der Welt auf, daß man auch dabey nicht den geringsten Schlag eines Hammers oder Eisengezeugs im Bauen hörte, ohnerachtet nicht weniger als dreitausend sechshundert Prinzen oder Maurermeister gesetzt waren, dieses wichtige Werk, nach ihrem erhaltenen Unterricht, mit achtzigtausend Männern oder Gesellen und Handlangern, welche unausgesetzt Steine auf den Bergen hauen mußten, und siebzigtausend Arbeitern, so zusammen ausmachen 153.600 ohne diejenigen, welche wechselweise mit den Sidoniern auf dem Berge Libanon unter der Aufsicht Adoniram die Arbeit verrichten an der Zahl 30.000. Also zusammen 183.600 Mann zu befördern.
Salomon kam auch wegen solcher großen Anzahl geschickter Maurer bei Hyram oder Huram, König zu Tyro, in ziemliche Verbindlichkeit; denn dieser schickte seine Maurer und Zimmerleute, auch das benötigte Tannen- und Zedernleute nach dem Meerhaven Joppe bei Jerusalem.
Über dieses aber sendete er einen Menschen, der seinen Namen Hiram oder Huram führte, welcher der allerfahrenste und kunstreichste Maurer seiner Zeit war. Die erstaunenden Geldsumme, so man aus diesen

Tempelbau wendetet, können von der Vollkommenheit dieses Werks ein unverwerflich Zeugnis ablegen. Denn ausser den großen Anstalten, welche der König David zu dem Bau vorkehrte, hat auch der Salomon, dessen Sohn, der viel reicher, als sein Vater wurde, nebst den reichsten Israeliten und den Edlen der benachbarte Königreiche eine fast unglaubliche Menge Gold, Silber und Edelsteine dazu beigetragen.

Nichts ist in Kanaan zu finden, welches der Größe und Pracht der Mauern, so diesen berühmten Tempel umschließen, beikommen möge. Sie enthielten siebentausend, siebenhundert Fuß im Umfang, und wir werden auch nicht finden, dass jemals ein geheiligtes Gebäude angetroffen worden, welches mit diesem in Vergleichung zu bringen seyn sollte, sowohl wegen der vortrefflichen Ordnung und Gleichheit, als auch der geschickten Ausmessung von dem prächtigen Tor gegen Morgen, als bis an das ruhm- und anbetenswürdige Heiligtum gegen Abend, wie nicht weniger in Ansehung der kostbaren und bequemlichen besonderen Zimmer vor die Könige und Fürsten, in gleichen vor die Priester und Leviten, vor das Volk Israel, und vor die Heiden. Denn, indem es ein Bethaus vor alle Völker seyn sollte, mußte es in dem Tempel, Vorhöfen und besonderen Zimmern weniger nicht, als dreihundert tausend Personen, wenn man aufs allerwenigste auf eine Person einen viereckigen Platz rechnet, in sich fassen können.

Betrachtet man die vierhundert und funfzig Säulen von Marmor aus Paros, mit zweimal so vielen Pfeilern, welche alle sehr prächtige Hauptstelle von verschiedenen Ordnungen hatten, mit zweihundertsechs und vierzig Fenstern, ohne diejenigen, so um den Boden herum sich bestanden, und erweget die innwendigen Zierrathen, so von einem unschätzbaren Preiß waren; so wird man leicht schließen können, daß dieses Wunderwerk unsere Einbildungskraft weit übersteigen, und man es als ein solches Werk betrachten müsse, so als ein Meisterstück der Maurerkunst zu bewundern, auch wohl würdig sey, daß es mit grossem Gepränge, wie es auch geschehen ist, durch den weisen König Salomon eingeweihet worden.

2. Quelle: „Die Geheimlehre der Tempelritter: Geschichte und Legende“ Allan Oslo, 3. Auflage, Patmos Verlag, 2000 Düsseldorf, ISBN 3-491-72396-5:

Im Schutze der esoterischen Bewegung der Imame gründete Maaruf Karkhi (gest. 815) im Süden des Irak um 800 eine Bruderschaft der Baumeister als »anderen« Weg zur Erlangung der esoterischen Erkenntnis. (Idries Shah, The Sufis, London 1964; dt. Die Sufis-Botschaft der Derwische, Weisheit der Magier, München 1976, S. 312) Hier sind nicht die Vereinigungen der Handwerker nach dem Vorbild der ministeria des spät- und oströmischen Reiches gemeint. Das ministerium oder collegium der Spätantike war eine staatliche Organisation, eine Vereinigung von Handwerkern, die von Staatsbeamten kontrolliert wurde. Byzanz hatte diese Einrichtung mit den somata übernommen, ebenso die Sassaniden in Persien. Nach den islamischen Eroberungen wurde das System beibehalten, und der Statthalter und seine Beauftragten gewährleisteten die Kontrolle der Märkte und die Aufsicht über die Handwerker. Die Bruderschaft hingegen war keine offizielle Organisation unter staatlicher Kontrolle, sondern eine enge Assoziation, ein regelrechter Geheimbund mit Initiationsriten, geheimen Schwüren, gewählten Häuptern, die »Meister« genannt wurden, beratenden Gremien von Oberhäuptern und einer Ideologie, die sowohl mystisch als auch sozial war. (Maurice Lombard, L'islam dan sa première grandeur [VIII'-XI' siece, Paris 1971; dt. Blütezeit des Islam - Eine Wirtschafts- und Kulturgeschichte, 8.-11. Jahrhundert, Frankfurt 1991, S. 161f)
Die Geheimlehre dieser Ideologie kam, wie sollte es anders sein, aus Südarabien in Form der arabischen Übersetzung der hermetischen Bücher, war stark synkretistisch und faßte das Wissen der Gnosis, der Kabbala und der Hermetik, das im Schmelztiegel der hellenistischen Welt entstanden war, zusammen, übernahm einiges vom Neuplatonismus, Manichäismus, Mazdakismus, Egalitarismus und vermengte es mit dem esoterischen Islam. Sie beschränkte sich auf die Vermittlung von höchstem okkulten Wissen an ihre Mitglieder, gab sich weltlich, unpolitisch und

unreligiös und stand als interkonfessionelle Organisation jedem offen: Muslimen, Christen, Juden und Mazda-Anhängern. Sie entwickelte eine völlig neuartige Ideologie, die auf der Freiheit des Individuums basierte, die formelle Gesetzgebung des herrschenden Islam ablehnte und den relativen Charakter eines jeden Systems von menschlichen Beziehungen hervorhob. Sozial und geistig bot diese Korporation ein neues Modell morgenländischer Bruderschaften; sie praktizierte mündliche Information und mündliche Initiation, drückte sich in Anspielungen und Symbolen aus, die den Bauleuten entnommen waren, rühmte die Erhabenheit und Würde der Baukunst und bezeichnete sie ihrerseits als Königliche Kunst. Die Bruderschaft bestand aus vier Graden: Lehrling, Geselle, Meister und Eingeweihter. Erst der vierte Grad führte zum Geheimwissen. Wie bei den Hermetikern galt der Bruderschaft der Königlichen Kunst der Salomonische Tempel als Vollendung allen Strebens nach Perfektion, und sie ließ die Legende von dessen Erbauung unter der Leitung des Baumeisters Hiram wieder aufleben:

Adon Hiram befand sich in der großen Halle des Tempels. Die undurchdringlichen Schatten um seine Lampe verwandelten sich in rötliche Spiralen, die die feinnervige Struktur der Gewölbe und die Wände der Halle erkennen ließen, von der drei Pforten nach draußen führten: im Norden, im Westen und im Osten. Die erste Tür, gen Norden gerichtet, war für das Volk bestimmt; die zweite für den König und seine Krieger; die dritte für die Priester. Zwei eherne Säulen, Jachin und Boas, waren vor der dritten zu erkennen. Adon Hiram schickte sich an hinauszugehen. Plötzlich löste sich von einem der Pfeiler eine menschliche Gestalt und fuhr ihn in barschem Ton an:

»Gib mir das Paßwort der Meister, wenn du hinauskommen willst!«

Adon Hiram war unbewaffnet; von allen geachtet und daran gewöhnt, daß einem Wink von ihm gehorcht wurde, dachte er nicht daran, seine heilige Person zu verteidigen.

»Unglücklicher!« - erwiderte er, den Steinmetz-Gesellen Methusael erkennend, »Entferne dich! Du wirst von den Meistern empfangen werden, wenn Verrat und Verbrechen bezahlt sind! Fliehe mit deinen Komplizen, bevor die Gerechtigkeit Sulaimans (arabisch für Salomo) eure Häupter erreicht!«

Methusael hörte ihn an und hob mit kräftigem Arm seinen Hammer, der krachend auf den Schädel Adon Hirams herabfiel. Der Künstler schwankte betäubt; instinktiv versuchte er, durch die zweite Pforte zu entkommen, die nach Norden. Dort stand der Syrer Phanor, der ihm sagte:

»Gib mir das Paßwort der Meister, wenn du hinaus willst!«

»Du warst nicht einmal sieben Jahre Geselle«, antwortete Adon Hiram mit ersterbender Stimme.

»Das Paßwort!«

»Niemals!«

Phanor, der Maurer, stieß ihm seinen Meißel in die Seite; aber er kam nicht dazu, zum zweiten Male zuzustoßen, denn der Baumeister des Tempels, den der Schmerz wach gemacht hatte, flog wie ein Pfeil zur östlichen Pforte, um seinen Mördern zu entgehen.

Dort erwartete ihn der Phönizier Amru, der bei den Zimmerleuten Geselle war, und schrie:

»Gib mir das Paßwort der Meister, wenn du hinauskommen willst!«

»Nicht auf diese Weise habe ich es gewonnen-, röchelte der erschöpfte Adon Hiram. »Frag den danach, der dich geschickt hat.«

Als er sich bemühte, einen Durchschlupf zu finden, stieß Amru ihm die Spitze seines Zirkels ins Herz.

In diesem Augenblick brach mit einem tosenden Donnerschlag das Gewitter los.

Die arabisierte Fassung der 42 Traktate der Hermetiker fand nun eine neue Heimat. Doch die Zeit war für solche gewagten egalitären Gedanken nicht reif, und die politische Lage im Reich der Abbassiden durch die Verfolgung der esoterischen Parteigänger Alis ungesund. Daher hielt man die Bruderschaft geheim, verständigte sich miteinander durch geheime Zeichen und Bezeichnungen. So entlehnte man der allegorischen Geschichte Hirams den Titel »Sohn der Witwe« für den Gründer. Da der Lehrer des Gründers Daud von Tai (gest. 781) geheißen hatte und Daud das arabische Wort für David ist, bezeichnete man den Gründer – den geistigen >Sohn< und Schüler des >David< – als >König Salomon<. Damit vermied man die Verfolgung wegen >Judaisierung< des Islam. Das Wissen wurde in 99 Stufen aufgestellt, analog zu den 99 Namen Gottes. Nur wer den hundersten Namen Gottes erfuhr, galt als der Kopf, das Haupt der Weisheit, arabisch Abu-al-fihâmat.

3. Quelle: „Internationales Freimaurer Lexikon" Eugen Lennhoff, Oskar Posner und Dieter A. Binder, Überarbeitete und erweiterte Neuauflage der Ausgabe von 1932, F. A. Herbig Verlag, 2011 München, ISBN 978-3-7766-5036-5:

1. Historisches: *Das jüdische Nationalheiligtum hatte seinen Vorläufer in der Stiftshütte. König Salomo errichtete auf dem Berge Moria auf der Tenne Arnans des Jebusiters den Tempel. Der 966 v. Chr. begonnene Bau dauerte sieben Jahre; die Weihe erfolgte im siebenten Monat. Salomos Verbündeter, Hiram von Tyrus, sandte ihm den Baumeister Huram oder Hiram, dessen Vater ein Tyrer war, und dessen Mutter aus dem Stamm Dan oder Naphtali stammte. Der Baustil war lyrisch oder assyrisch, nicht, wie gelegentlich behauptet wird, ägyptisch. Der Tempel war doppelt so groß wie die Stiftshütte; die heilige Stätte hatte die Form eines länglichen Rechtecks; die Längenmaße machten das Doppelte der Breite bzw. Höhe aus. Die Schmalseiten waren nach Osten bzw. Westen gerichtet. Im Portal standen zwei Säulen aus Erz, Jachin und Boas (s. beide). Durch einen Vorhof gelangte man ins Heilige mit dem Schaubrottisch, zehn goldenen Leuchtern und dem Räucheraltar, dann in das Allerheiligste (einem Kubus) mit der Bundeslade. 586 v. Chr. wurde der Salomonische Tempel von dem König Nebukadnezar zerstört. Nach der Rückkehr der Juden aus dem babylonischen Exil baute ihn Zerubabel wieder auf (beendet 516). Der zweite Tempel stand jedoch seinem Vorbild an Größe und Pracht nach. Nach der Entweihung des Tempels durch Antiochus Epiphanes wurde er von Juda dem Maccabäer wiederhergestellt und befestigt (165 v. Chr.). Unter Herodes begann 21 v. Chr. eine vollständige Umgestaltung des Heiligtums im griechischen Stil (Herodianischer Tempel). Dieser Bau wurde im jüdisch-römischen Krieg vollkommen zerstört (70 n. Chr.). Seit 644 n. Chr. steht auf dem alten Tempelplatz die Moschee Haram Es Scherif.*

2. Symbolisch: *Die Beziehung auf den Salomonischen Tempelbau kommt in den Darstellungen und Gebräuchen der Steinmetzenbauhütten deutlich zum Ausdruck. Nicht nur, daß König Salomo, meist mit der Königin von Saba, als Bildschmuck verwendet wird, es werden auch einzelne Baustücke des biblischen Tempels bewußt nachgeahmt und mit ihren biblischen Namen belegt. Erinnert sei hier z. B. an die Säulen des Würzburger Doms, die als Vorhofsäulen mit den Namen Jakin und Boas, bezeichnet werden. Die ganze Beschreibung des Tempels in 1. Könige V-VIII, 2. Chronica II-VIII erleichterte die Übertragung auf mittelalterliche Baudenkmäler. Teile des zerstörten Tempels zu Jerusalem genossen bei den Baukünstlern nahezu Reliquienverehrung, so wie noch heutzutage z. B. die amerikanischen Freimaurer alles daransetzen, um ihrem modernen Tempel mindestens einen Baustein aus den Steinbrüchen König Salomos einfügen zu können. Zu diesen Bauhüttenvorstellungen und symbolischen Deutungen kommen im 17. Jahrhundert die Lehrbilder eines Tempels geistiger Art, der nach den Worten der Bibel aus behauenen Steinen derart errichtet werden soll, daß man kein störendes Geräusch, kein eisernes Werkzeug zu hören bekomme. Die Steine sollen sich derart aneinanderfügen, daß sie ohne weitere Verbindung halten. Um diesen Bau soll Friede und Eintracht herrschen. Die Baulegende erzählt sogar, daß während des Baues kein Werkmann erkrankte oder starb, damit das Werk in seiner Vollendung nicht aufgehalten werde. Besonders bei Comenius finden sich diese Gedankengänge in seiner »Pansophie« in reichster symbolischer Deutung. Da genaue Ritualüberlieferungen aus dem 17. Jahrhundert fehlen, ist schwer zu bestimmen, inwieweit die Bausymbolik zur damaligen Zeit bereits in den Logen entwickelt war. Einen besonderen Aufschwung nahm sie dann im 18. Jahrhundert. An Gegenständlichem, zum Lehrbild Umgestaltetem, wurden übernommen: die Orientierung des Tempels von Ost gegen West, die beiden Vorhofsäulen, das Mosaikpflaster, die mittlere Kammer, die Lichter. Viel reicher sind die Entlehnungen in den Hochgraden. Es erscheinen als symbolische Lehrbilder die Bundeslade, der Tisch der Schaubrote, das große eherne Waschbecken u. v. a. m.*

Daneben bemächtigt sich die freimaurerische Symbolik der aus der Bibel bekannten und zahlreicher, zwar in den biblischen Rahmen passender, aber frei erfundener Personen. Hiram von Tyrus liefert Bauholz an den leitenden Baumeister, seinen Namensvetter Hiram. Das Ritual knüpft an die Einteilung der Bauleute an, bestimmt den biblischen Ort, an dem sie ihren Lohn empfangen. Die Bausage spielt im unvollendeten Tempel. Um ihn herum spielen die zahlreichen Legenden der Hochgrade u. a. hinein. Und so einprägsam ist das Bild dieses biblischen Tempelbaues, daß ein englischer Hochgrad wohl die Zerstörung des alten Tempels zugeben mag, aber in der Zerubabellegende ihn wieder neu erstehen läßt.

Der Salomonische Tempel ist das Lehrbild, das alle anderen Symbole aus sich entwickeln läßt, um sie wieder in eine Einheit zusammenzufassen. Die Werkzeuge des Freimaurers sind Mittel zum Zweck der Errichtung, des Aufbaus. Deshalb nennt der Freimaurer sein Tun eine Bauarbeit. Endziel ist der Menschheitstempel zur Ehre des Allmächtigen Baumeisters aller Welten, der die Menschen in moralischer Gleichwertigkeit und ethischer Übereinstimmung in gemeinsamen Arbeiten am Bauziel vereinigen soll. Deshalb das Lehrbild vom rauen Stein der eigenen Persönlichkeit, die, behauen, mit anderen, nun kubischen Steinen in dauernden Verband treten soll. Deshalb die Arbeit am Reißbrett, die diese Gemeinschaftsarbeit zu regeln und in die gegebenen Bahnen zu lenken hat. Deshalb die Vielzahl der symbolischen Werkzeuge, die jedes für sich einen Einzelzweck und ein Einzelbestreben versinnbildlichen sollen. Das Symbolgebäude der Arbeit dient der Arbeit an einem Symbol: der Tempel, der in seiner Vollendung die in sich befriedete Menschheit aufnehmen soll, jene Menschheit, die ihn bauen soll und die mit ihm identisch ist. Denn der Gedankengang des Tempelbaues wird erst faßlich, wenn Tempelbau und Menschheit einander gleichgesetzt werden. Deshalb hört der Freimaurer bei jeder Arbeit das Fragestück: Welcher Bau ist gemeint mit der Antwort: »Wir Freimaurer nennen ihn den Salomonischen Tempelbau und meinen damit den Tempel der Humanität«.

Das geschichtliche biblische Nationalheiligtum erscheint somit in seiner moralischen Bedeutung als der Tempel des eigenen Innern, der durch Arbeit an sich selbst zu schaffen und auszugestalten ist, ebenso aber auch als das Sinnbild der Menschheit, für die der Tempel geschaffen werden soll. In dem Bausymbol des Tempels liegt das Bekenntnis des Freimaurers zur evolutionären Menschheitsentwicklung und zu einem Optimismus, der an diese glaubt.

Zugleich vereinigt das Gesamtbild der Symbolik in ihrer auf die Ichkultur und die moralische Gesamtwirkung bezogenen Eindeutigkeit die sittlichen Forderungen, die vom Bund an den einzelnen Freimaurer gestellt werden.

In der freimaurerischen Bauarbeit ist der einzelne Subjekt als wirkender Baugenosse, er wird aber zugleich Objekt des planmäßigen Baues an einer höheren Entwicklungsstufe. Das Lehrbild wirkt in dem Doppelsinne, daß der Baubeflissene zugleich Material des Baues zu höherem Zweck wird.

Die Tempelsymbolik, die in den alten Bauhüttenüberlieferungen bereits gepflegt wurde, hat in der Entstehungszeit der Londoner Großloge sicherlich noch wesentliche Bereicherung erfahren durch das allgemeine öffentliche Interesse, das sich gerade damals der Darstellung des Tempels in Modellen usw. zuwendete (s. Rabbi Juda Leon). Schriften über den Bau und die Einrichtung des Tempels waren gerade infolge der Ausstellung dieser künstlerisch ausgeführten Modelle weit verbreitet.

Eine derartige Broschüre erschien sogar im gleichen Verlag, in dem Andersons Konstitutionenbuch gedruckt ist. Auf diesem Weg wurde von der Freimaurerei sicherlich sehr viel Symbolbeiwerk übernommen, das der früheren Bauhütte Fremd gewesen sein mag.

Einen besonderen Kult mit der Symbolik des Salomonschen Tempels treiben amerikanische Logen. Wiederholt wurden von Reisegesellschaften, die Palästina, besuchten, Logenarbeiten in den Steinbrüchen des Königs Salomo abgehalten. Bei der Ausarbeitung der verschiedenen Hochgradstufen wurden zahlreiche Entlehnungen aus dem Gebiet dieser Symbolik vorgenommen. Die amerikanische Freimaurerliteratur ist daher sehr reich an Beschreibungen des Tempels und seiner Einrichtungen; in manchen Logen gehört ein Modell des Tempels zur ständigen Einrichtung.

Weiterführende Informationen:

Dieses Ringbüchlein ist als Impuls gedacht. Es soll dem Interessierten die Möglichkeit geben, sich strukturiert vor oder nach dem Vortrag weiter in das Thema zu vertiefen um ggf. selbst an weiterführenden Vorträgen zu arbeiten. Die zu empfehlende Struktur wäre: Salomonischer Tempel, Inneneinrichtung und Ausstattung, Herodianischer Tempel, Zionverehrung in den Schriften, die Tempelritter, der dritte Grad, Adonhiram und Hiram Abif.

Salomonischer Tempel

Der Salomonische Tempel in Jerusalem wurde nach biblischen Berichten um 951 v. Chr. gemeinsam mit den Palastanlagen des Königs errichtet. Der Tempel stand auf der Zion genannten Anhöhe. Es ist umstritten, ob sich das Allerheiligste dort befand, wo heute der heilige Fels unter der Kuppel des moslemischen Felsendomes (Al-aqsa-Moschee) gezeigt wird. Von dieser Stelle aus soll Mohammed in den Himmel aufgefahren sein. Vielleicht war sie auch der Standort des Brandopferaltars im Vorhof des Salomonischen Tempels. Bei beiden Ansätzen bleiben Unklarheiten bezüglich der überlieferten Angaben.
Archäologische Grabungen sind an diesem heiligen Ort nicht gestattet. Die politische Lage wird das auch nicht kurzfristig ermöglichen. Deshalb widmet sich die Archäologie der Rekonstruktion des Salomonischen Tempels. Dabei ist man aber auf die Angaben des 1. Buch der Könige 6-7 angewiesen. Es gibt also keine Vergleichsquellen. Der Tempel war nach dem Modell syrischer Tempelanlagen der Spätbronzezeit gebaut worden. Die Verbindung mit König Hiram von Tyrus (1. Buch der Könige 5, 15) würde die syrische Architektur bestätigen. Alle Angaben sind in Ellen angegeben. Eine Elle wurde mit ca. 0,50 m gerechnet. Der Tempel hatte demnach eine Länge von ca. 35 m. Er bestand aus drei nacheinander angeordneten Räumen.

Der Tempel bestand aus einer Vorhalle, אולם (Ulam), 5 m x 10 m x 15 m, einem Hauptraum (Heiliges), היכל (Hekal), 20 m x 10 m x 15 m und dem Allerheiligsten, דביר (Debir), 10 m x 10 m x 10 m. Heiliges und Allerheiligstes waren durch eine hölzerne Zwischenwand getrennt, zwischen Vorhalle und Hauptraum (Heiliges) gab es Türen.

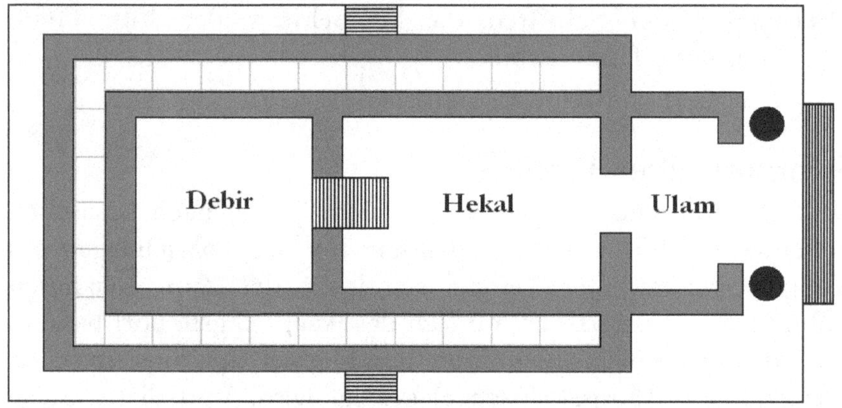

Draufsicht: Salomonischer Tempel

Anbau und Nebenräume haben laut der Bibelbeschreibung den dreigegliederten Tempelbau umgeben.

Inneneinrichtung und Ausstattung

Das Allerheiligste war ein Würfel. Er wird mit 5 m geringerer Höhe als die anderen beiden Räume angegeben. Wobei in der obigen Abbildung davon ausgegangen wird, dass es auf einem Podest stand. Die biblischen Angaben können aber auch einen ebenerdigen Raum zulassen. Im Allerheiligsten (Debir) stand unter den Flügeln zweier großer Engel (Cherubim) die Bundeslade. Im Hauptraum (Hekal) standen der Räucheraltar, der Schaubrottisch und 2 x 5 Leuchter. Die Innenwände waren mit Zedernholz verkleidet und mit goldüberzogenen Schnitzereien verziert. Vor dem Vorraum (Ulam) standen zwei eherne Säulen.

Im inneren Hof standen der Altar, das große Wasserbecken und die notwendigen Kesselwagen. Das große Wasserbecken wird auch Eisernes Meer (1. Buch der Könige 7,23-25) genannt und stand auf 12 Rinderskulpturen.
Der Salomonische Tempel wurde 586 v. Chr. durch die Babylonier zerstört. Sein Wiederaufbau begann erst nach der Heimkehr der deportierten Israeliten. Im Jahr 516 v. Chr. hatten sie einen neuen Tempel gebaut. Dieser Tempel hatte wohl keine Bundeslade mehr im Allerheiligsten, der Raum blieb leer und war zudem durch einen Vorhang von der Haupthalle abgetrennt. Statt der 2 x 5 Leuchter gab es nur noch einen siebenarmigen Leuchter, die Menora. Auch die beiden Säulen fehlten in diesem Tempel.
Erst ab dem Jahr 21. v. Chr. wurde der zweite Tempel zu einer erwähnenswerten Sehenswürdigkeit. Herodes, König von Judäa und Galiläa, hatte in einem Restaurierungs- und Umbauprozess den gesamten Tempel umstrukturiert. Während der Regierungszeit des Herodes wurde Jesus Christus geboren. Es waren turbulente Zeiten. Es kam zu Aufständen und das Römische Imperium (Reich) entschied im Jahr 70 n. Chr. Jerusalem und den Herodianischen Tempel zu zerstören.

Herodianischer Tempel

Herodes der Große begann im Jahr 21 v. Chr. mit dem Umbau des Tempels. Die Plattform des Tempelberges wurde künstlich vergrößert. Die Grundflächen von Heiligem und Allerheiligstem wurden zwar beibehalten, doch das Gebäude war deutlich höher (25m) und prächtiger gebaut. Die Schaufassade wurde markant vergrößert und die Größe der Vorhalle auf 50 x 50 m gedehnt.
Vor dem Tempel war der Priestervorhof mit dem Altar, davor der Hof für die Israeliten, noch davor der Hof für die Frauen. Nichtjuden durften nur den Bereich des äußeren Vorhofes betreten. Dieser Tempel wurde im Jahre 70 n. Chr. durch die Römer unter Titus zerstört. Kaiser Julian Apostata erlaubte um 362 n. Chr. den Neubau des Tempels. Das Vorhaben wurde nicht durchgeführt.

Zionverehrung in den Schriften

Der Tempel befand sich auf einer Anhöhe namens Zion. Das besondere Interesse an dem Tempelberg ergibt sich aus den Schriften. Nach dem Buch Jesaja (28,16) befindet sich in Zion der Eckstein der Schöpfung. Es gilt als von Gott gegründet (14,32). Zion selbst wird zum Mittelpunkt des allumfassenden Friedensreiches Gottes werden (2,2-4). Gott thront als König in Zion (24,23). Im 5. Buch Moses (12,5) steht, dass Zion der Ort ist, an dem Gott seinen Namen wohnen lässt. Dort wird er seine endgültige Königsherrschaft antreten (Sacharia 9,9ff). Alle anderen Erwähnungen finden sich im Buch der Psalter:

- Zion gilt als von Gott erwählt: Psalter 132,13
- Auf diesem Berg wird Gott von Israel verehrt: Psalter 132,7
- Er hat in Zion seinen Thron: Psalter 9,12
- Dort herrscht Gott über seine Feinde: Psalter 110,2
- Verherrlichung Zions: Psalter 46; 48; 84; 87; 110; 122

Neben den hier erwähnten Zitatstellen aus den Schriften finden sich noch weitere Hinweise auf den Tempel und auf Zion. Um dieses Ringbüchlein nicht unnötig in die Länge zu ziehen, wird von der vollständigen Erwähnung aller Zitatstellen Abstand genommen. Sie können in weiterführenden Studien sicherlich selbst erarbeitet werden.

Die Tempelritter

Die Tempelritter wurden um das Jahr 1120 in Jerusalem gegründet. Ihre oberste Aufgabe war es das Grab Christi zu beschützen und zu verteidigen. Ihr Name leitet sich aber nicht vom Grab Christi ab, sondern vom Salomonischen Tempel, weil König Balduin II. – Patriarch von Jerusalem – den Tempelrittern ermöglichte ihr Hauptquartier dort aufzuschlagen. Der Name „Tempelritter“ oder „Tempelherren“ oder kurz „Templer“ leitet sich davon ab.

Der dritte Grad

Die Legende des dritten Grades ist nicht Teil des traditionellen Erbes der Freimaurerei. Der Tod Hiram Abifs ist nicht in den alten Manuskripten der Freimaurer enthalten. Die Alten Pflichten (1723) ignorieren beispielsweise den dritten Grad komplett. Viele Worte der Freimaurerei leiten sich nicht zwangsläufig aus einem biblischen Kontext aber aus der alchemistisch-kabbalistischen Hermetik ab. Möglicherweise wurden besondere Worte, Symbole und Legenden als Beweis in die Freimaurerei eingeführt, um den stabilen Kontakt zwischen beiden Traditionen (Freimaurerei und Hermetik) aufzuzeigen. Sie verfolgen das gleiche Ziel: Opus Magnum (Großes Werk). Die hebräischen Passworte der drei Grade existieren bspw. noch nicht in den freimaurerischen Ritualen, die Samuel Prichard 1730 veröffentlicht hat. Er veröffentlichte die erste so genannte Verräterschrift „Masonry dissected", die den ganzen Wortlaut der bis dahin bekannten freimaurerischen Rituale preisgab.
Etwa um 1740 entstehen neue Rituale und Hochgrade, die aber darum bemüht sind die Rituale der ersten drei Grade unverändert beizubehalten. Die Rituale der Hochgrade sind manchmal eine Weiterentwicklung der Legende von Hiram Abif oder sie werden mit templerischen, gnostischen, kabbalistischen, hermetischen und rosenkreuzerischen Inhalten ergänzt.
Es erübrigt sich zu sagen, dass die Hochgrade keinen echten freimaurerischen Bezug haben. Aus Sicht der freimaurerischen Initiation sind sie unnötig. Die Freimaurerei ist vollkommen in den ersten drei Graden enthalten. Das wird weltweit von allen Großlogen anerkannt und deshalb werden sie an die Basis aller verschiedenen Hochgradsysteme gesetzt. Der Freimaurergeselle, einst Meister geworden, beendet symbolisch sein Großes Werk, während er es in der profanen Welt erst begonnen hat. Manch ein Zyniker könnte erwidern, dass der neue Meister durch Aufnahme in die Hochgrade von seiner wahren Aufgabe, sein Großes Werk in der profanen Welt umzusetzen, abgehalten würde.

Hiram Abif oder Adonhiram

Eine weitere Bestätigung, dass der dritte Grad nicht Erbe der ursprünglichen Freimaurerei war, erkennt man in der Verwirrung über die Person des Adonhiram oder Hiram Abif.

Adonhiram (auch Adoniram oder Adoram genannt) war ein Hauptschatzmeister Salomos und Oberaufseher über die 30.000 Männer, die im Libanon Holz für den Salomonischen Tempel und andere Bauten fällten. In den Freimaurerlegenden des 18. Jahrhunderts wurde er mehrfach mit Hiram verwechselt.

Hiram, König von Tyrus, sandte auf Wunsch Salomos einen Handwerksmeister namens Hiram Abif, der Sohn einer Witwe aus dem Stamme Dan. Adonhiram, Hiram, der König von Tyrus und der Handwerksmeister namens Hiram Abif sind nicht dieselbe Person. Sie wurden und werden aber in den einzelnen Freimaurer- und Hochgradsystemen durcheinander geworfen und verwechselt.

Albert Mackey (1807-1881) und Robert Freke Gould (1836-1915) sahen in der Hirams-Legende einen fremden und erst im 18. Jahrhundert in die Freimaurerei gelangten Bestandteil. Es muss sich um eine Legende handeln, die nicht Teil der Steinmetz-Tradition war und sich wohl erst in den 30er Jahren des 18. Jahrhundert eingeschlichen hat. 1723 erwähnt Anderson in seinen Alten Pflichten Hiram als Namensvetter des Königs von Tyrus. Erst 1738 (2. Auflage des Konstitutionenbuchs) macht Anderson eine Andeutung über Hirams Tod und Bestattung.

Dies würde Idries Shah´s Entdeckung (1964) bestätigen. Er hat in seinem Buch „Die Sufis. Botschaft der Derwische, Weisheit der Magier“ erläutert, dass eine geheime Organisation im Süden des Iraks mit der Moral aus dieser Legende gearbeitet hat. Die Organisation wurde im Jahre 800 n. Chr. von einem gewissen Maaruf Karkhi gegründet und hieß „Bruderschaft der Baumeister“. Alles was die Legende anbetrifft, findet sich wortwörtlich in den heutigen freimaurerischen Ritualen wieder.

Vortragsanleitungen zum Schluss:

Dieses Ringbüchlein soll helfen Vorträge aus dem Stand zu halten. Es gibt Tipps für Vortragende und es ermöglicht sich schnell in das entsprechende Thema einzulesen.

Das Register am Ende dieses Ringbüchleins (Seiten 47 bis 49) vereinfacht die Suche nach Worten. Dadurch können, während einer Diskussion, Zitate oder Textstellen besser wieder gefunden werden.

Der Haupttext (Seiten 11 bis 22) ist die erste Einarbeitungsstufe. Aus ihm gehen alle Informationen hervor, die ein Vortragender auf Anhieb benötigt. Ein Durchlesen und Verstehen des Haupttextes ist sehr wichtig. Die Seiten 23 bis 28 („Erläuterungen zum Vortragstext") helfen Ihnen bei einer Nachfrage mehr als das zu sagen, was bereits im Vortrag kundgetan wurde. Auf den Seiten 29 bis 38 befinden sich drei informative Quellen zum Vortragsthema. Daraus können sich wiederum Hinweise ergeben. Beides kann zur nächsten Einarbeitungsstufe führen. Die Seiten 39 bis 44 („Weiterführende Informationen") stellen eine tiefere Ausarbeitung und Interpretation des Vortragsthemas dar. Hierbei handelt es sich um die dritte Einarbeitungsstufe.

Alle weiterführenden Einarbeitungsstufen (also ab der vierten) müssen selbst erarbeitet werden. Folien finden sich im Anhang.

Sachwortregister mit Erklärungen

Wort	Erklärung	Seitenzahlen
Adonhiram	auch Adoniram, Adoram oder Hiram Abif genannt, war Leiter der Baustelle des Salomonischen Tempels, Hauptschatzmeister des Salomon und Oberaufseher über die 30.000 Mann, die im Libanon Zedern fällten.	12, 18-19, 21, 25, 28, 44
Al-aqsa-Moschee	Auch Felsendom genannt auf dem Tempelberg in Jerusalem	19, 39
Allerheiligstes	Allerheiligstes wird auf Hebräisch „Debir“ und in der Freimaurerei „mittlere Kammer“ genannt. Hat die Form eines Würfels (10x10x10).	12, 15, 17, 27, 35, 39-41
Bauhütte	auch Steinmetzbauhütte, Loge oder Dombauhütte genannt, Werkstatt der Steinmetze	15-17, 21, 28, 36, 38
Bundeslade	Befand sich im Allerheiligsten des salomonischen Tempels und barg die zwei Tafeln mit den Zehn Geboten in sich.	12, 14, 17, 20, 23, 27, 35-36, 40-41
David	Zweiter König des vereinigten Königreichs Israel, Thronfolger Sauls	23, 29-30, 34
Freimaurer/ei	Ethische/r Männer/bund aus dem 18. Jahrhundert	7ff, 16ff, 21, 25ff, 36ff, 43
Freimaurerorden	auch „Große Landesloge der Freimaurer v. D.“ – siehe: www.freimaurerorden.de	17, 27

Herodes	König von Judäa und Galiläa (ca. 73 v. Chr. bis 4 v. Chr.)	14, 35, 41
Herodianischer Tempel	Ab 21 v. Chr. wurde der zweite Tempel restauriert und von da an Herodianischer Tempel genannt.	14, 35, 39, 41
Hiram	auch Huram genannt, war König von Tyrus und ein Verbündeter von Salomon	12, 25-26, 29, 32-35, 37, 39, 43-44
Hochgrad/e	Als Hochgrade werden in der Freimaurerei weiterführende Grade bezeichnet, die über die allgemein bekannten drei Grade hinausgehen.	17-18, 27, 36, 38, 43-44
Idries Shah	Autor des Buches „The Sufis“ (1964)	18, 28, 31
Israel	Nordreich des Königreichs	11ff, 20, 23-27, 29-30, 42
Judäa	Südreich des Königreichs	13-14, 26, 41
Maaruf Karkhi	Gründer der „Bruderschaft der Baumeister“ im Süden Iraks um 800 n. Chr.	18, 31
Menora	Siebenarmiger Leuchter (siehe Abbildung auf Seite 12)	12, 14, 17, 27, 41
Nebukadnezar	König des assyrischen Reichs; nahm 586 v. Chr. den Norden Israels ein.	13-14, 20, 35
Pyramiden	Ägyptische Monumentalbauten	15
Rosenkreuzer	Mystischer Bund aus dem 17. Jahrhundert	16-17, 27, 43
Saba	Saba ist ein Handelspartner von Salomon gewesen; die Königin von Saba hat ihn in Jerusalem besucht.	13, 36

Säulen	Befanden sich vor der Vorhalle des Salomischen Tempels	12, 15, 17, 23, 30, 32, 35-36, 40-41
Salomon	Dritter König des vereinigten Königreichs Israel, Sohn und Thronfolger Davids	11, 14, 23, 29-30, 34
Salomonischer Tempel	Anbetungsstätte in Jerusalem (Anhöhe Zion), die ab 951 v. Chr. rituell genutzt wurde.	7-8, 11-23, 28, 32, 35-39, 41-42, 44
Stiftszelt	auch Stiftshütte genannt, war der mobile Tempel der Israeliten, vor der Einwanderung nach Kanaan	11-12, 23
Tempel der Humanität	Zielvorstellung der Freimaurer	17, 21, 37
Werkstätte des Geistes	siehe „Bauhütte“	15-17, 21, 28, 36, 38

Folie 1:

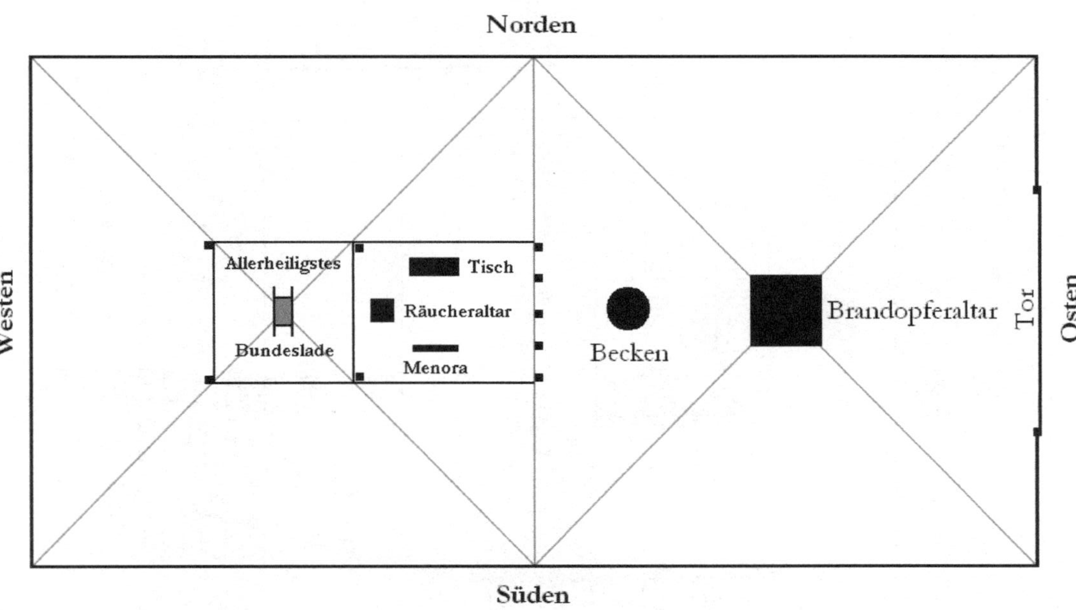

Draufsicht der Stiftshütte / des Stiftszelts

Folie 2:

Vorderansicht des Salomonischen Tempels

Folie 3:

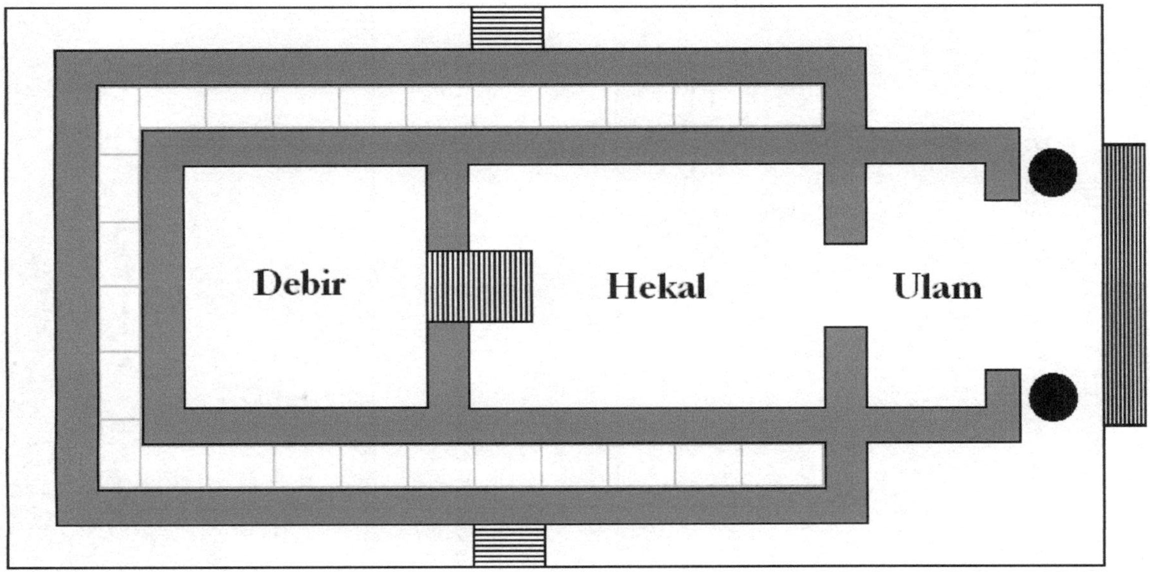

Debir

Hekal

Ulam

Draufsicht des Salomonischen Tempels

Aufteilung in die Königreiche Israel und Judäa

— heutige Ausmaße des Staates Israel

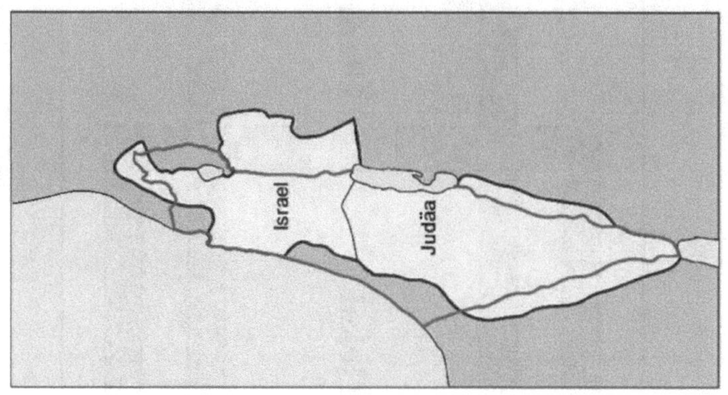

Ausmaße Israels zu Zeiten Salomos

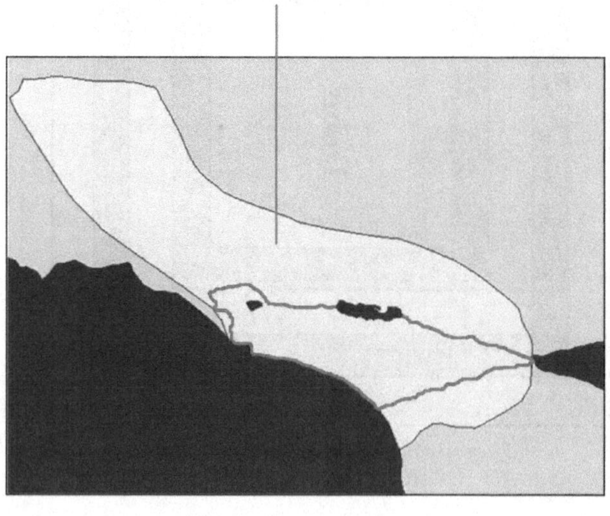

— heutige Ausmaße des Staates Israel

Folie 4:

Literaturverzeichnis

- Salomos Tempel: Mythos und Geschichte des Tempelberges in Jerusalem, William J. Hamblin und David Rolph Seely, Übers. aus dem Engl.: Erwin Tivig; Wolfdietrich Müller, Wissenschaftliche Buchgesellschaft, Darmstadt 2007.
  ISBN 9783763024902

- David und Salomo: Archäologen entschlüsseln einen Mythos, Israel Finkelstein und Neil A. Silberman, Deutscher Taschenbuch Verlag, München 2009.
  ISBN 9783423345422

- Die Bibel nach der Übersetzung Martin Luthers mit Apokryphen, Deutsche Bibelgesellschaft - Stuttgart 1999.
  ISBN 9783438015211

- Was wirklich in der Bibel steht, Manfred Barthel, Ullstein Taschenbuch Verlag, 2. Auflage, Düsseldorf 2001.
  ISBN 9783548366845

- Israel und Ägypten in der Königszeit: Die kulturellen Kontakte von Salomo bis zum Fall Jerusalems, Bernd U. Schipper, Vandenhoeck & Ruprecht, Göttingen 1999.
  ISBN 9783525537282

- Salomos Tempel und das Abendland: monumentale Folgen historischer Irrtümer, Paul von Naredi-Rainer, DuMont Reiseverlag, Ostfildern 1994.
  ISBN 9783770118700

- Jerusalem - die Geschichte der Heiligen Stadt. Von den Anfängen bis zur Kreuzfahrerzeit, Eckart Otto, Kohlhammer, Stuttgart 1980.
  ISBN 9783170055537

- Der salomonische Tempel, Wolfgang Zwickel, Philipp von Zabern, Mainz 1999.
  ISBN 9783805324663

- Die Geheimlehre der Tempelritter: Geschichte und Legende“ Allan Oslo, 3. Auflage, Patmos Verlag, 2000 Düsseldorf.
  ISBN 978-3491723962

- Internationales Freimaurer Lexikon von Eugen Lennhoff, Oskar Posner und Dieter A. Binder, Überarbeitete und erweiterte Neuauflage der Ausgabe von 1932, F. A. Herbig Verlag, 2011 München.
  ISBN 9783776650365

- Des verbesserten Konstitutionenbuchs der alten ehrwürdigen Brüderschaft der Freimaurer – zweiter Theil – Verordnungen, Gesetze, Pflichten, Satzungen und Gebräuche nebst historischer Nachricht von dem Ursprung des Ordens - aus den Wellmundischen Urkunden gesammelt von dem Bruder Kleinschmidt f.d.A.C.Z.F. – Frankfurt am Main in der Andreäischen Buchhandlung 1784.

Persönliche Notizen:

Die Kabbalah – Wege zurück ins Paradies

von Giovanni Grippo

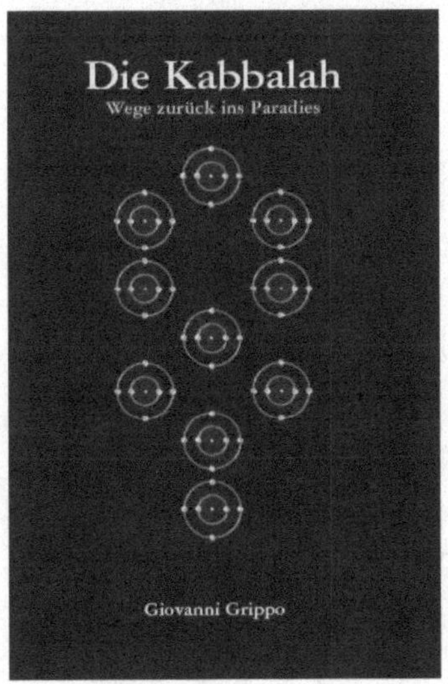

Das Buch „Die Kabbalah – Wege zurück ins Paradies" ist Teil einer Trilogie, die als einzelne Säulen bezeichnet werden. Es ist die erste Säule der Qabala-Trilogie von Giovanni Grippo. Die erste Säule widmet sich dem Hebräischen Alphabet, dem Judentum, den drei wichtigsten Büchern des Judentums und insbesondere Abraham und seiner Funktion als perfektes Vorbild für die Gesellschaft. Die Umstände die zur Entstehung der Qabala führten, werden aus einem geschichtlichen Blickwinkel erläutert.

Die Aufgabe der Qabala und Folge dessen der Lew Kaspi Lehrart ist die Bewahrung des Paradieses in einem selbst. Die Aufgabe der Qabala ist es, den ursprünglichen paradiesischen Urzustand erst in einem selbst und dann in der Welt wiederherzustellen.

ISBN 978-3981062205

Gebunden, Preis 12.95 Euro

72 Seiten, 5 schw.-w. Abbildungen, 11 schw.-w. Tabellen

3. Auflage - 12.04.2012

Die Kabbalah – Die Schöpfung neuer Sichtweisen

von Giovanni Grippo

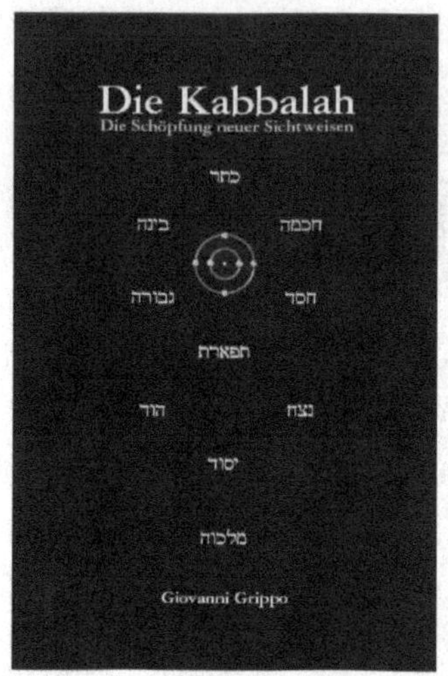

In zweiunddreißig verborgenen Bahnen der Weisheit zeichnete Jah Jahwe Zabaoth, der Gott Israels, der lebendige Gott und König der Welt, der allmächtige, barmherzige und gnädige Gott; hoch und erhaben ist er und ewig wohnend in der Höhe, heilig ist sein Name, erhaben und heilig ist er; er schuf seine Welt durch drei Zählprinzipien: Zahl, Zähler und Gezähltes. (Sefer Jesirah; 1. Abschnitt, 1. Absatz)
Das Buch ist wahrscheinlich vor dem 6. Jahrhundert n.u.Z. entstanden. Aufgrund sprachlicher Besonderheiten und thematischer Nähe zu anderen geistigen Strömungen ist die Niederschrift (wahrscheinlich) zwischen dem 2. und 6. Jahrhundert (n.u.Z.) erfolgt. Mehrere Überarbeitungsschichten des Textes sind zu beobachten. Der erste Druck wurde aber erst 1552 in Paris gefertigt. Es liegen heute verschiedene Versionen vor, die teilweise auch Kommentare umfassen.

ISBN 978-3-9810622-1-2
Gebunden, Preis 13.50 Euro
72 Seiten, 10 schw.-w. Abbildungen, 6 schw.-w. Tabellen
2. Auflage - 16.01.2011

Die Kabbalah – Die Vereinigung vieler Philosophien

von Giovanni Grippo

Das Verwirrende an der Kabbalah ist es, dass sie keine feste Lehre mit einem starren Gerüst ist. Jeder neue Gedanke bereichert ihre Tradition. Jeder neue Schüler ist eine neue Welt, die gerne von der universellen Lehre empfangen wird. Wenn man sich entscheidet Kabbalist zu werden, so wird man ein theoretischer, meditativer oder praktischer. In diesem Buch wird detaillierter die Seele des Menschen besprochen.
Im diesem Buch wird der fünfte und höchste Zustand der Seele erörtert. Er ist so selten und heilig, dass man deshalb meistens nur von den vier Zuständen der Seele spricht. Jene Kabbalisten erfahren ihn, die durch ihre Arbeit an sich selbst Gott schauen durften. Der fünfte Zustand ist die endgültige Vereinigung. Im Buddhismus wird dieser Schritt Nirwana genannt. In der christlichen Mystik spricht man von der unio mystica.

ISBN 978-3-9810622-2-9

Gebunden, Preis 13.95 Euro

72 Seiten, 9 schw.-w. Abbildungen, 3 schw.-w. Tabellen

1. Auflage - 10.07.2012

Das Buch der Schöpfung – Sefer Jesirah (dt./ hebr.)

von Giovanni Grippo

Auf dem deutschen Buchmarkt hat das Buch der Schöpfung keine starke Präsenz, obwohl es einen großen Beitrag zum Bibelverständnis und Schöpfungsverständnis bildet. Dies wird sich sicherlich in den nächsten Jahren ändern.

Die meisten Übersetzungen ins Deutsche stammen aus dem 19. Jahrhundert und sind grammatisch fragwürdig. Darin wird Gott und nicht der Mensch als handelndes Prinzip dargestellt. Die grammatische Form ähnelt aber eher dem Imperativ, also der Befehlsform, und zeigt dadurch - aus dem jüdischen Verständnis heraus - dass das Buch der Schöpfung ein meditatives Lehrbuch ist. Im aktuellen Buch wurde die Imperativübersetzung gewählt. Dadurch verändert sich nicht nur der Textinhalt, sondern auch die Aufgabe des Buches der Schöpfung …

ISBN 978-3-9810622-3-6

Softcover, Preis 11.50 Euro

92 Seiten, 5 schw.-w. Abbildungen, 2 schw.-w. Tabellen

5. Auflage 11.09.2015

Sepher Raziel: Das Buch des Raziel (dt./ hebr.)

von Giovanni Grippo

Es gibt unterschiedliche Versionen des „Buches des Erzengels Raziel" auch „Sepher Raziel" oder „Sepher Raziel Ha-Malach" genannt. Die meisten Exegeten datieren das Buch in das 13. Jahrhundert und in die literarisch-esoterischen Kreise von König Alfonso X. Er wird auch Alfonso der Weise genannt.

Das „Sepher Raziel" soll aus Alfonsos Übersetzungsakademie stammen. Es wäre demnach ca. acht Jahrhunderte alt. Der diesem Buch von Giovanni Grippo zugrunde liegende hebräische Text, weist ältere Quellen auf. Es hat eine große Ähnlichkeit mit dem Tora-Text, obwohl nur wenige Zitate aus dem Tanach benutzt werden. Es hat insgesamt sieben Kapitel, so wie alle anderen Versionen des Sepher Raziel Gott beruft durch den Erzengel Raziel Adam auf einen Berg und verpflichtet ihn ein Buch zu schreiben.

ISBN 978-3-9810622-4-3

Softcover, Preis 14.85 Euro

94 Seiten, 33 schw.-w. Abbildungen, 11 schw.-w. Tabellen

2. verbesserte Auflage 22.02.2014

Gott, Schöpfung und Mensch - Judentum, Christentum und Islam

von Giovanni Grippo

Die weltpolitische Lage macht es notwendig, die Gemeinsamkeiten und nicht die Unterschiede zwischen den drei Religionen hervorzuheben. Die vorliegenden Bände sollen diesen Weg des Friedens bereiten und vorgehen. Der erste Schritt ist die Suche nach jenen Urschriften. Sie könnten Frieden und Einheit zwischen Juden, Christen und Moslems herstellen, weil sie einander ergänzen, ja, sogar vervollständigen. Auf der Suche nach jenen Urschriften wurden hauptsächlich neun Bezugsquellen genutzt. Wenn Sie sich auf diese Suche einlassen und offen sind für den verbindenden Geist, den die vorliegenden Bände erzeugen möchten, so werden sie erfreut und überrascht über die Ergebnisse sein. Viele Daten, Fakten und Hypothesen liegen dem geneigten Leser vor und sehr viele Informationen wurden gesammelt. Zusammenhänge zu zeigen, soll Aufgabe meiner Arbeit sein.

ISBN 978-3-9810622-5-0

Softcover, Preis 16.75 Euro

84 Seiten, 8 schw.-w. Tabellen

1. Auflage 21.04.2009

Das Buch der Wächter – Der Henochische Orden

von Giovanni Grippo

Es gibt noch viele Geheimnisse und Rätsel in der Geschichte der Menschheit. Schon unsere Vorfahren aus den vorhergehenden Jahrhunderten haben sich gewundert, wie angeblich primitive Volker der Antike gewaltige Bauwerke errichten konnten, wie die Pyramiden, Tempel oder die gotischen Kathedralen.

Der Prophet Henoch wird überall in den antiken Überlieferungen dort erwähnt, wo ein Hinweis auf Eingeweihte, Wächter oder Bewahrer eines geheimen, heiligen Wissens zu finden ist. Dieses Buch beschäftigt sich mit dieser Suche. Es überrascht sicherlich nicht, dass am Ende der Suche der Suchende selbst zu einem Eingeweihten wird, denn es heißt:

Die Lippen der Weisheit sind verschlossen, nur nicht für die Ohren des Verständnisses. Erkenne Dich selbst, und Du erkennst Gott und die Schöpfung.

ISBN 978-3-9421870-0-8

Softcover, Preis 24.90 Euro

3. Auflage 21.03.2011

Das Tarot der Rosenkreuzer – Der Weg des Eingeweihten
von Giovanni Grippo

Aus Märchen erfahren wir, dass Helden sich auf den Weg machen um Abenteuer zu erleben. Sie wollen aus der Langeweile des Elternhauses bzw. aus der vorgegebenen Geborgenheit des Zuhauses fliehen. Sie kommen mit gesammelter Lebenserfahrung zurück und haben Prüfungen bestanden. Sie sind nicht mehr dieselben. Doch die Märchen erzählen die Geschichte nicht immer zu Ende. Wie oft sehnt sich der nach Hause zurückgekehrte Held, die Erlebnisse zu vergessen und in die gewohnte und geborgene Umgebung zurückzukehren, als wäre nichts geschehen. Obwohl es Zuhause am Schönsten ist, so vermag er nicht mehr Teil davon zu werden, denn auf dem Weg Lebenserfahrung zu sammeln und Prüfungen zu bestehen, ist ein Teil seines Selbst in ihm gestorben.

ISBN 978-3-9421870-3-9
Softcover, Preis 16.95 Euro
1. Auflage 21.05.2011